¡Desafiando la gravedad!

Escalada en roca

Christine Dugan, M.A.Ed.

Consultores

Dr. Timothy Rasinski
Kent State University

Lori Oczkus
Consultora de alfabetización

Peter Torcicollo
Presidente de USA Climbing

Basado en textos extraídos de *TIME For Kids*. *TIME For Kids* y el logotipo de *TIME For Kids* son marcas registradas de TIME Inc. Utilizados bajo licencia.

Créditos de publicación

Dona Herweck Rice, *Jefa de redacción*
Lee Aucoin, *Directora creativa*
Jamey Acosta, *Editora principal*
Lexa Hoang, *Diseñadora*
Stephanie Reid, *Editora de fotografía*
Emily Engle, *Autora colaboradora*
Rachelle Cracchiolo, *M.S.Ed.,*
 Editora comercial

Créditos de imágenes: pág.19 Alamy; pág.48 Christine Dugan; págs.38-39 EPA/Newscom; págs.6 (abajo), 30-31, 32 (arriba & abajo) Getty Images; págs.16-17 (ilustraciones), págs.20, 26-27 (ilustraciones) Timothy J. Bradley; págs.9 (abajo derecha), 10 (abajo), 10-11, 16, 30-32 (arriba centro), pág.36 (arriba derecha) iStockphoto; pág.8 (abajo) National Geographic Stock; todas las demás imágenes de Shutterstock.

Teacher Created Materials

5301 Oceanus Drive
Huntington Beach, CA 92649-1030
http://www.tcmpub.com

ISBN 978-1-4333-7063-2

© 2013 Teacher Created Materials, Inc.

Tabla de contenido

La escalada 4

No te detengas 16

Factor miedo 28

En dirección vertical 34

Glosario 42

Índice 44

Bibliografía 46

Más para explorar 47

Acerca de la autora 48

La escalada

Un equipo de escaladores estira. Comparan heridas e historias. El rojo sol está comenzando a asomar. Un pájaro pasa volando justo debajo. La escalada estuvo fascinante: la vista es inolvidable.

La escalada en roca es un deporte que requiere fuerza física, intensa concentración y verdadero coraje. Personas de todas las edades pueden probar este deporte. A los escaladores de roca les encanta enfrentar nuevos desafíos. Con cada escalda buscan nuevas emociones y nuevas vistas. Pero el peligro de una caída siempre está presente. Los riesgos son enormes pero la recompensa es extraordinaria. ¡Llegó la hora de avanzar en posición **vertical**!

¿Crees que estás listo para intentar la escalada en roca? Estas son algunas cosas que necesitarás saber:
- técnicas de escalada y destrezas de seguridad
- qué equipo llevar
- las matemáticas (¡incluso los escaladores más fuertes no llegarán muy lejos sin las matemáticas!)

Qué ropa usar

La escalada en roca es divertida pero también es un asunto serio. Un escalador nunca deja su casa en la mañana en short y zapatillas y se dirige a la montaña que escalará ese día. Ese tipo de salida requiere de mucha planificación.

Para la escalada en roca se necesita un equipo especial. El mismo hará que los escaladores se sientan seguros y cómodos durante la escalada. La ropa que usan es muy importante. Ellos desean usar un equipo que les sea cómodo y que les permita mover sus cuerpos mientras escalan.

¡Prepara tu equipo!

Un escalador en roca compra su equipo en una tienda de productos para actividades al aire libre. Observa los precios para ver cuáles son los elementos más costosos. ¿A qué crees que se deba esto? ¿Cuál es el precio de todo el equipo?

calcetines
$4.65

calzado
$75.95

chaqueta
$59.99

La adecuada elección de la ropa también depende del clima. Puede ser necesario que esta sea liviana o impermeable. Usar prendas superpuestas es siempre una buena opción.

El calzado especial para escalar ayuda a que los pies del escalador se mantengan firmes sobre las rocas. El calzado debe ser lo suficientemente alto a los costados para proteger los tobillos.

Mantén tu cabeza a salvo

El casco es una parte muy importante del equipo. Un escalador debe utilizarlo para permanecer seguro. Así como un casco para ciclistas hace que andar en bicicleta sea más seguro, un casco para escalar protege la cabeza del escalador.

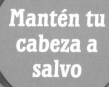

+

=

¿Total?

guantes
$12.99

casco
$29.99

¡Átate a la cuerda!

Los escaladores llevan un equipo especial para **escalar** una montaña, cualquiera sea su altura. Este les permite ascender por una pared de roca vertical. Incluso juega un papel mucho más importante que ese. ¡Evita que los escaladores se caigan!

El elemento del equipo para escalada más útil es el **arnés**. El arnés está formado por un conjunto de correas, presillas y hebillas. Las correas sujetan al escalador a una cuerda. El arnés le permite al escalador ascender y descender estando atado a un compañero de manera segura. Las cuerdas para la escalada en roca vienen de distinto tamaño, forma y peso. Los escaladores experimentados utilizan diferentes cuerdas para distintas escaladas.

También llevan consigo tiza. Pero no la usan para escribir ni tampoco dibujar. La tiza ayuda al escalador a agarrarse de la roca. Seca las manos sudadas. La tiza es guardada en una bolsa de tiza. Por lo general, esta es sujetada al cinturón del escalador.

La tiza permite que las sudadas manos se agarren a las rocas.

cinturón

arnés

casco

bolsa de tiza

cuerda

Control de seguridad

Antes de cada escalada es importante inspeccionar el equipo. Los escaladores deben controlar que no existan signos de desgaste y deterioro. El equipo de escalada debe ser reemplazado **periódicamente** para asegurarse de que siempre esté en buenas condiciones de uso. Si el equipo falla, las consecuencias podrían ser mortales.

Alcanzando el objetivo

La planificación antes de la escalada hace que la experiencia sea más segura. Saber cuál es la ropa y equipo apropiado es clave. También lo es decidir hasta dónde escalar y cuán difícil debería ser el sendero.

Algo a tener en cuenta es la distancia de la escalada. Los escaladores deben saber de antemano cuán lejos están escalando. Esto impacta sobre el tipo de elementos que el escalador necesita llevar. El clima también **influye** sobre esto.

Es importante elegir una ruta que implique el desafío justo. Muchos escaladores observan cuán empinada será la escalada. Los escaladores también pueden estudiar las destrezas que se necesitarán para la escalada. Podrían necesitar practicar nuevas destrezas antes de la próxima gran escalada.

ángulo
65°

ángulo
51°

**Sorprendentes
ángulos**

ángulo
17°

ángulo
72°

Las paredes
y montañas de
roca pueden presentar
una pendiente gradual. Estas
escaladas son más fáciles y
perfectas para apreciar la vista. Las
escaladas más extremas son totalmente
verticales. ¿Para cuál estás preparado?

Pasando al siguiente nivel

Las rutas para la escalada en roca han sido **clasificadas por grado** para que los escaladores puedan predecir cuán difícil será la escalada. En Estados Unidos las escaladas se clasifican desde clase 1.0 a clase 5.5. El cuadro de abajo detalla la desafiante escala 5.1–5.5. Si estás preparado para una escalada 5.3 en EE. UU., ¿para qué nivel estás preparado en Australia? ¿Y en Alemania?

Estados Unidos	Francia	Australia	Sudáfrica	Alemania
5.1	2	7	8	III-
5.2	2+	8	9	III
5.3	3	9–10	10	III+
5.4	3+	11	12	IV-
5.5	4	12	13	IV

Clase 1
Caminata por sendero

Incluye caminos rocosos y llanos con senderos

Clase 2
Excursionismo a campo abierto

incluye áreas sin senderos

Clase 5
Escalada técnica

requiere destrezas
avanzadas; incluye
algunas escaladas
nocturnas

Clase 3
Trepada

las manos son utilizadas
para trepar y ascender

Clase 4
Escalada fácil

puede requerir equipo
de escalada; cubre áreas
más empinadas

13

El desafío

Antes de una escalada los escaladores deben entrenar su físico. La escalada en roca es un deporte para personas de todas las edades. Aquellas en buen estado físico son quienes más la disfrutan. El cuerpo de un escalador necesita estar preparado para un enérgico ejercicio.

El entrenamiento es importante en todos los deportes. Los escaladores en roca pueden entrenarse de diferentes maneras. Para prepararse para una escalada de montaña pueden hacerlo en espacios cerrados. Un excelente lugar que los escaladores pueden visitar antes de una gran escalada es el rocódromo. Hacer ejercicios para las manos y los dedos puede sonar extraño. Sin embargo, el entrenamiento realmente ayuda a fortalecerlos antes de agarrarse de las rocas. Los ejercicios de fuerza para los músculos de brazos y piernas también son importantes.

Programa de entrenamiento

Observa este modelo de programa de entrenamiento que aparece abajo. Este escalador se está preparando en tres semanas para una desafiante escalada. ¿Cuántas horas está entrenando por semana? ¿Cuántas horas en total entrenará?

Primera semana					
lunes	**martes**	**miércoles**	**jueves**	**viernes**	**sábado**
Rocódromo 5:00–7:00	Descanso	Rocódromo 5:00–6:00	Gimnasio 4:00–5:00	Gimnasio 5:00–6:00	Escalar monte *Wilson* 8:00–11:00

Segunda semana					
lunes	**martes**	**miércoles**	**jueves**	**viernes**	**sábado**
Rocódromo 5:00–7:00	Descanso	Rocódromo 5:00–7:00	Gimnasio 5:00–6:30	Gimnasio 4:00–5:30	Escalar monte *Peakon* 7:00–10:30

Tercera semana					
lunes	**martes**	**miércoles**	**jueves**	**viernes**	**sábado**
Rocódromo 4:00–7:00	Descanso	Rocódromo 4:30–7:30	Gimnasio 4:00–6:30	Gimnasio 6:00–8:30	Escalar monte *Olympionus* 6:00–10:30 ¡Cumbre!

No te detengas

¡Agárrate!

Los escaladores en roca utilizan diferentes términos para describir la forma en la que se agarran a la misma. Estos **agarres** pueden llamarse **abierto, pinza, romo, de mano cerrada, invertido o de arqueamiento.**

abierto

Ya tienes tu planificación. La montaña está esperando. ¡Es hora de una escalada!

Los escaladores en roca profesionales practican diferentes técnicas de escalada. Por ejemplo, los escaladores podrían elegir entre técnicas de pie *edging* o *flagging*. *Edging* utiliza la cara interna del pie para pararse, mientras que *flagging* utiliza un pie pendiendo atrás del otro para mejorar el equilibrio.

También puede ser muy útil utilizar distintas partes de los pies. Un **taloneo** significa que el escalador está utilizando el talón para subir. Un **punteo** significa enganchar los dedos del pie en la roca.

Los escaladores también aprenden la manera de utilizar las manos y pies al mismo tiempo. A veces usar manos y pies en distintos momentos les resulta aún mejor. Todas estas opciones ayudan al escalador a ascender por la roca con mayor facilidad.

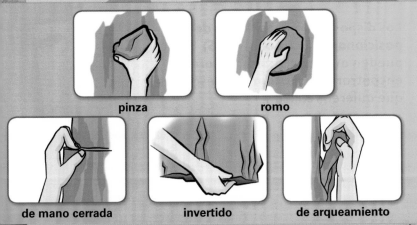

pinza

romo

de mano cerrada

invertido

de arqueamiento

Navegando la distancia

Los escaladores en roca son aventureros. Aman estar al aire libre. Ansían el sentimiento que los invade cuando completan una gran escalada. No existe nada igual a la increíble vista desde la cima de un acantilado. Una salida puede significar unas pocas y cortas horas de actividad física. También puede ser una **excursión** de varios días. Antes de la escalada se debe tener en cuenta la distancia.

Los escaladores piensan dónde quieren ir y cuán lejos quieren escalar. Tienen en cuenta el nivel de dificultad para el que están preparados. Para salidas más largas necesitan llevar alimentos y equipo para dormir.

Los mapas de senderos pueden ser útiles a la hora de decidir la distancia de una salida de escalada. Los escaladores pueden estudiar los mapas para decidir dónde realizar paradas. Estas paradas les dan un descanso y hacen que la salida sea más fácil.

Los dispositivos con **sistema de posicionamiento global (GPS)** pueden ayudar a los escaladores a encontrar la ubicación de la escalada que quieren realizar.

Las salidas más largas requieren dormir en lugares inusuales.

¡MÁS EN PROFUNDIDAD!

En el mapa

Esta guía de sendero muestra la distancia que un escalador podría recorrer durante una salida de escalada. Observa el mapa y la escala. Determina la distancia que el escalador recorrerá durante la salida utilizando las diferentes rutas detalladas abajo.

bosque

campamento

mirador

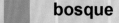

1 = caminata principiante

2 = sendero vista al lago

3 = límite del bosque

4 = alturas extremas

5 = paso desafiante

NORTE

5

4

1 pulgada = 1 milla

La escalada suprema

Al gran escalador George Mallory le preguntaron por qué quería escalar el monte Everest. Su respuesta: "Porque está allí".

Buena comida

¡La escalada en roca es un ejercicio duro para el cuerpo! Requiere planificar cuidadosamente cuántos alimentos y agua se necesitará. Los escaladores deben **reponer** la energía que utilizan. Asimismo, deben seleccionar alimentos que los ayuden a mantenerse concentrados y saludables. La granola es un refrigerio fácil de llevar.

Antes de la escalada los escaladores comen y beben para prevenir la **deshidratación** y la fatiga. Podrían querer comer cada vez menos a medida que el momento de la escalada se acerca. Para la escalada es necesaria una dieta saludable. Los **carbohidratos** elaborados a partir de cereales integrales son una buena opción. También lo son las frutas y los vegetales. La proteína de las nueces o carnes magras también ayudará a que los escaladores obtengan la energía necesaria.

Refrigerios inteligentes

Los escaladores llevan sus propios refrigerios para reponerse mientras están en la montaña. Galletas, pretzels, granola, queso en hebras y frutas secas son solo algunos de los alimentos saludables que sirven como buen refrigerio.

Quemando calorías

Un niño que pesa 90 libras y escala en roca quema alrededor de 450 calorías en una hora. Una onza de almendras posee alrededor de 170 calorías y una banana aproximadamente 80. Si el niño come una onza de almendras y una banana, ¿cuántas calorías come? ¿Cuántas calorías más quema que las que come?

Bajo las estrellas

Algunos escaladores disfrutan de las salidas más largas, por lo tanto, necesitan planear dónde dormir. Un sendero puede permitirles dormir en una carpa en terreno llano. Pueden llegar hasta la cima de un pico y luego descansar y dormir antes de continuar. A veces los escaladores decidirán **ascender** un pico largo que requiere de varios días de escalada. ¿Dónde duermen en este tipo de salidas? ¡En la ladera de la montaña, por supuesto! Un *portaledge* es una carpa que puede sujetarse a la ladera de una roca.

Empacando liviano

Durante las salidas nocturnas los escaladores deben cargar todo lo que necesitan. El peso de sus mochilas es importante. Si un escalador emprende una salida de 4 días, ¿cuántas comidas necesita llevar? Si los alimentos para un día pesan 1.2 libras, ¿cuánto pesarán los alimentos para 4 días?

¿Puedes encontrar las palabras que componen *portaledge*? ¡Es la manera perfecta de describir una saliente portátil!

Exposición Extrema

La ropa impermeable y superpuesta evita que los escaladores padezcan el frío o la humedad. Es especialmente importante conservar las manos y dedos calientes. La exposición a temperaturas frías puede ocasionar **hipotermia** o congelación.

Aprende la jerga

Los escaladores en roca poseen su propio idioma. ¿Quieres leer más sobre la escalada en roca o compartir historias con escaladores? ¡Tendrás que aprender la jerga! El conocer alguno de estos términos te ayudará a comprender el mundo de la escalada en roca y el idioma utilizado en ella.

asegurando: asegurar a un escalador en roca a un extremo de la cuerda

Dirt me: un término que los escaladores utilizan para decirle al asegurador que quieren bajar al suelo

cerrojo: una técnica en la que el escalador calza sus manos o pies adentro de una fisura en una roca como forma de agarre

crux: el movimiento más difícil durante una escalada

dedo de mono: una técnica en la que los escaladores usan los dedos del pie para sujetarse a la superficie de una roca como forma de agarre y así continuar escalando

gumby: un escalador en roca amateur

hacer cumbre: alcanzar la cumbre de una pared de escalada; sentarse en la cumbre de una pared de escalada

lasca: un pedazo de roca que sobresale de la cara de una roca pero aún sigue conectado; si el escalador intenta agarrarse de una lasca es peligroso ya que podría desprenderse de la cara de la roca

mosquetón: un aro de metal en forma de D que conecta la cuerda a un anclaje en la roca o a otra cuerda

pitón: un clavo de metal con una punta que es insertada en la roca y que sirve de anclaje para que los escaladores sujetan sus cuerdas

rápel: una técnica utilizada para moverse de manera segura hasta la base de la roca

tabla multipresa: un dispositivo de entrenamiento que fortalece el agarre del escalador y aumenta la fuerza de los brazos

Factor miedo

La escalada en roca es un deporte peligroso. Es crucial pensar sobre la seguridad en todo momento.

¿Por qué se caen los escaladores? La mayoría de las caídas ocurren debido a un error del escalador. A veces estos se caen porque sus equipos se rompen o de alguna manera fallan. Es importante por razones de seguridad controlar el equipo. Los escaladores controlan que no haya signos de desgaste o deterioro. Reemplazan cuerdas y demás materiales a medida que se van gastando.

Emprender una escalada difícil también puede acarrear lesiones. Los escaladores solo deberían escalar en lugares donde se sientan seguros.

Rocódromo extremo

Los escaladores en roca son amantes de la adrenalina natos. No siempre quieren sentirse seguros y relajarse. Sin embargo, la forma más segura de intentar nuevos trucos o movimientos osados es hacerlo en un rocódromo de escalada en espacios cerrados con colchonetas de protección para caídas.

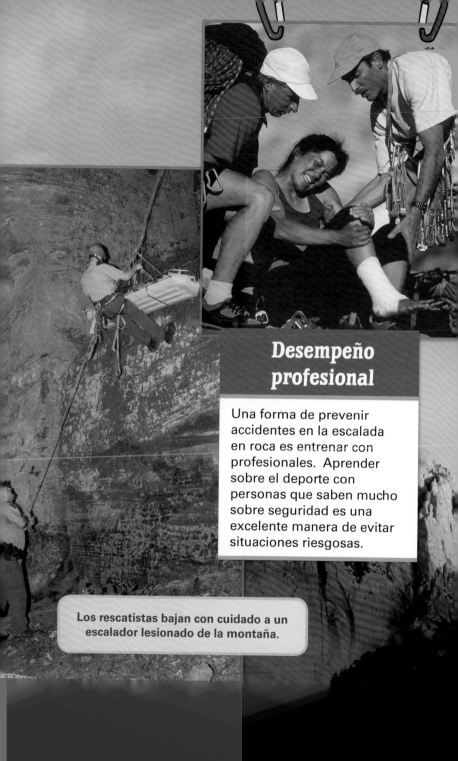

Desempeño profesional

Una forma de prevenir accidentes en la escalada en roca es entrenar con profesionales. Aprender sobre el deporte con personas que saben mucho sobre seguridad es una excelente manera de evitar situaciones riesgosas.

Los rescatistas bajan con cuidado a un escalador lesionado de la montaña.

Caída libre

Las lesiones más comunes luego de una caída son los **esguinces**, cortes y fracturas. Estas generalmente ocurren en pies, piernas o espaldas. Lesionarse en medio de la naturaleza es peligroso. Por razones de seguridad los escaladores nunca deberían escalar solos. Un compañero de escalada puede brindar primeros auxilios o recurrir por ayuda. Los teléfonos celulares pueden no funcionar. A algunos escaladores les gusta llevar una **baliza localizadora** o algún tipo de *GPS*.

Un doloroso esguince puede producirse al torcerse bruscamente el tobillo.

Una roca y una difícil situación

Una popular película, *127 Horas*, describe la historia de Aron Ralston. Ralston estaba escalando solo en un cañón en Utah cuando un peñasco de 800 libras se corrió y dejó su mano inmovilizada contra el muro. Luego de seis días de haber quedado atrapado, finalmente logró liberarse cortando su propio brazo. A pesar de la lesión, aún disfruta de la escalada en roca.

¡MÁS EN PROFUNDIDAD!

Impacto máximo

El cuadro de abajo muestra algunas de las lesiones que podrían producirse en una escalada. También indica qué clase de primer auxilio podría ser beneficioso en una situación difícil. Es importante poder ayudar a un compañero de escalada luego de una caída. Una manera de ayudar es conocer sobre primeros auxilios y RCP. Esto puede hacer que el escalador permanezca seguro hasta que la ayuda esté en camino.

Si

Si un escalador sufre esguince de muñeca o tobillo...

Si un escalador sufre un corte grave...

Si un escalador sufre una fractura...

Si un escalador se cae y no puede moverse...

Entonces

…mantén la muñeca o tobillo quieto. Pon hielo en la lesión, si fuese posible. Envuelve la lesión con un calcetín o remera de repuesto.

…aplica presión directa sobre el corte. Usa una venda o un pedazo de ropa limpia. Si el corte deja de sangrar, limpia con un paño de alcohol de un botiquín de primeros auxilios.

…mantén quieta la parte del cuerpo donde se fracturó el hueso. Si fuese posible, haz una **férula**. Usa un palo fuerte y recto y vendas o un pedazo de ropa limpia. Endereza la parte del cuerpo contra el palo. Envuélvelo con la venda o pedazo de ropa limpia y átalo.

…mantén a la persona quieta, especialmente su cabeza y cuello. No trates de mover a la víctima de la caída.

En dirección vertical

Los escaladores en roca aman su deporte. Viajan alrededor del mundo para experimentar nuevas escaladas. Todos poseen un lugar favorito para escalar.

El sudoeste de Estados Unidos es conocido por sus monumentales rocas y cañones. Italia y Grecia ofrecen a los escaladores hermosas vistas. Australia y Nueva Zelanda también son lugares populares para escalar.

Viajar para la escalada en roca es excitante. Sin embargo, los escaladores son igual de felices con una gran roca y una linda vista. ¡Pueden encontrar eso en cualquier lugar!

Conquistar la escalada

El deporte de escalada en roca puede incluir distintos tipos de escalada. ¡Escalada en espacios cerrados, escalada tradicional, escalada en bloque, escalada deportiva y escalada en hielo son todas formas elegidas por los escaladores para escalar algo!

Escalada en bloques

Estas escaladas se realizan en niveles bajos sobre grandes rocas y sin cuerdas. Una colchoneta llamada *crash pad* es colocada abajo de las rocas. Esta protege al escalador en caso de caída.

Escalada en espacios cerrados

Estas escaladas se realizan en superficies rocosas artificiales. Brinda la sensación de la escalada al aire libre pero en un rocódromo seguro.

Escalada tradicional

Un escalador coloca anclajes en la roca para escalar. A medida que el escalador desciende la roca los retira.

Escalada deportiva

Los escaladores usan anclajes y chapas previamente colocadas en la roca. Se sujetan de estos con ganchos metálicos. No es necesario que ellos mismos coloquen los anclajes. De esta manera, pueden concentrarse en realizar los difíciles movimientos de escalada.

Escalada en hielo

Los escaladores escalan una superficie congelada, como una cascada congelada o un glaciar. Usan piolets para agarrarse de la superficie helada mientras escalan.

¡ALTO! PIENSA...

- ¿Qué tipo de escalada encuentras más excitante?
- ¿Qué tipo de escalada crees que es más fácil para principiantes?
- ¿Dónde podrías ir para intentar estos tipos de escalada?

El mejor escalador del mundo

La gente cree que Reinhold Messner es el mejor escalador de montaña de todos los tiempos. Ha hecho cosas durante su carrera de escalador con las que muchos solo sueñan. Una de sus más famosas hazañas es la escalada del monte Everest, la montaña más alta del mundo, sin utilizar oxígeno extra.

La mayoría de los escaladores necesita oxígeno extra. Esto es porque el aire en la cima de la montaña posee muy poco oxígeno. La escalada se torna muy difícil con el bajo oxígeno y el esfuerzo físico. La mayoría de las personas no pueden sobrevivir en estas condiciones. ¡Pero Reinhold Messner lo hizo!

"¿Quién sabe qué es la libertad?
Nadie. A menudo pienso que nosotros,
los montañistas, estamos mucho más
cerca de ella, este paraíso en la Tierra".
—Reinhold Messner, escalador en roca profesional

Atrévete a lograrlo

Los escaladores en roca llevan sus cuerpos al límite para hacer lo que aman. Ven lugares que muchas personas nunca verán. Conocen el sudor y el dolor. También saben cómo mantenerse concentrados, combatir el miedo y entrenar sus cuerpos para hacer todo lo que sea necesario para alcanzar la cima. Los escaladores inteligentes son seguros y cuidadosos. Pero todos ellos merecen nuestro respeto por su trabajo duro. ¡Y siempre hay una nueva aventura por intentar!

"Es bueno tener un fin hacia donde dirigirse pero lo que importa es el viaje, no el fin".

—Ursula K. Le Guin, escritora

Glosario

abierto: un agarre tomado con la palma en la dirección contraria, el pulgar hacia abajo y el hombro hacia afuera; similar al movimiento realizado al abrir una puerta corrediza

agarres: lugares para agarrarse de la roca

arnés: conjunto de correas utilizadas para sujetar a una persona a algo

ascender: escalar algo

baliza localizadora: un dispositivo utilizado para enviar una señal de socorro desde lugares remotos

carbohidratos: una fuente de energía para el cuerpo encontrada en alimentos como el pan y las frutas

clasificadas por grado: que se le ha otorgado un valor para indicar dificultad

de arqueamiento: un gran agarre del que es fácil asirse

de mano cerrada: un tipo de agarre utilizado para sostenerse de una pequeña saliente

deshidratación: una falta peligrosa de agua en el cuerpo

edging: una técnica de escalada que utiliza la cara interna del pie para pararse

escalar: trepar algo

esguinces: lesiones dolorosas en los ligamentos de una articulación

excursión: un viaje hecho por placer

férula: una tira de material rígido utilizada para mantener un brazo o pierna en posición fija

flagging: una técnica de escalada que utiliza un pie
    pendiendo atrás del otro para mejorar el equilibrio

hipotermia: una disminución drástica de la temperatura
    del cuerpo

influye: actuar sobre algo produciendo un efecto

invertido: un agarre de la roca tomado con la palma
    hacia arriba

periódicamente: de manera regular

pinza: un agarre grande o pequeño al cual asirse con la
    mano en forma de pinza

portaledge: una carpa portátil que puede ser sujetada
    a la ladera de una roca durante una larga escalada
    para brindarle al escalador un lugar donde descansar
    o dormir

punteo: una técnica del pie en la que los escaladores
    enganchan sus dedos del pie en la roca

reponer: reemplazar lo que falta

romo: un agarre oblicuo tomado como una pelota de básquet

sistema de posicionamiento global (*GPS*): un sistema de
    navegación satelital que determina ubicaciones

taloneo: una técnica del pie en la que los escaladores
    utilizan sus talones para subir

vertical: en ángulo recto con el horizonte;
    derecho

Índice

127 Horas, 31
abierto, 16
accidentes, 29
agarrarse, 8, 16, 27
agarres, 16
agua, 22
Alemania, 12
alimentos, 18, 22, 24
ángulos, 11
arnés, 8–9
Australia, 12, 35
baliza localizadora, 30
calcetines, 6
calorías, 23
calzado, 6–7
carbohidratos, 22
casco, 7, 9
cinturón, 8–9
cortes, 30
cuerda, 8–9, 26, 36
de mano cerrada, 16–17
dieta saludable, 22
dormir, 24
edging, 17
entrenar, 14
entrenamiento, 15, 27

equipo, 5–6, 8–10, 13, 18
escalada deportiva, 36-37
escalada en bloques, 36
escalada en espacios
    cerrados, 28, 36
escalada en hielo, 36-37
escalada tradicional, 36
esguinces, 30, 32
Estados Unidos, 12, 35
flagging, 17
Francia, 12
Grecia, 35
guantes, 7
hipotermia, 25
invertido, 17
Italia, 35
jerga, 26
Le Guin, Ursula K., 41
Mallory, George, 21
mapa, 18, 20
Messner, Reinhold, 38–39
monte Everest, 21, 38
nivel, 12
Nueva Zelanda, 35
pinza, 16–17
portaledge, 24–25

primeros auxilios, 30, 32–33

punteo, 17

Ralston, Aron, 31

RCP, 32

refrigerios, 22

rocódromo, 14–15, 28

romo, 16–17

ropa, 7, 10, 25, 33

sistema de posicionamiento global (*GPS*), 18, 30

Sudáfrica, 12

taloneo, 17

técnicas, 5, 17

tiza, 8–9

Bibliografía

Greve, Tom. *Rock Climbing.* **Rourke Publishing, 2009.**

Este libro te brindará información clave sobre el deporte de escalada en roca. Incluye fotografías que ayudan a ilustrar la información.

Long, Denise. *Survivor Kid: A Practical Guide to Wilderness Survival.* **Chicago Review Press, 2011.**

Este libro describe una variedad de destrezas y técnicas de supervivencia para niños, inclusive cómo construir un refugio, importantes destrezas de navegación y cómo permanecer seguro ante la aparición de animales salvajes.

Roberts, Jeremy. *Rock and Ice Climbing!* **The Rosen Publishing Group, Inc., 2000.**

Aprende sobre escalada en roca y escalada en hielo, como así también, consejos de seguridad, equipamiento necesario, la historia del deporte y escaladores famosos.

Salkeld, Audrey. *Climbing Everest: Tales of Triumph and Tragedy on the World's Highest Mountain.* **National Geographic Children's Books, 2003.**

Conoce la historia de escaladores que se han aventurado en el monte Everest, una de las escaladas más altas y difíciles del mundo. Cada capítulo incluye la detallada historia de un escalador o equipo de escalada mientras experimentan éxitos o fracasos durante sus viajes.

Seeberg, Tim. *Rock Climbing: Kids' Guides to the Outdoors.* **The Child's World, 2004.**

Este libro es una mirada de principiante al mundo de la escalada en roca. Incluye información importante sobre seguridad y equipamiento para la escalada en roca.

Más para explorar

Rock Climbing for Life
www.rock-climbing-for-life.com

En este sitio web mira videos de escaladores en roca, fotografías de hermosos paisajes y lee artículos escritos por escaladores en roca.

Rock Climbing
www.rockclimbing.com

En este sitio web puedes conectarte con escaladores en roca. Incluye fotos, videos y comentarios.

Yahoo! Kids
http://kids.yahoo.com/directory/sports-and-recreation/outdoors/mountain-climbing

Este sitio web contiene una lista interesante de artículos y sitios web que te brindarán mayor información sobre la escalada en roca en distintas partes del mundo, escaladores famosos y equipo.

Encyclopedia Britannica for Kids
http://kids.britannica.com/

Encyclopedia Britannica en línea te ofrece una base de datos e información en la que podrás realizar búsqueda de contenidos que estuvieres estudiando en clase o sobre los que te gustaría saber más. Esta información está escrita para niños de 8–11 años o más de 11.

Teacher Tube
http://teachertube.com

Teachertube.com es un sitio web seguro para tus maestros para buscar videos que pueden utilizar en tus clases de estudio. Aquí puedes encontrar fabulosos videos de eventos de escalada en roca.

Acerca de la autora

Christine Dugan se graduó en la Universidad de California, San Diego. Fue maestra de escuela primaria durante varios años antes de tomar la decisión de aceptar un desafío diferente en el ámbito de la educación. Ha trabajado como desarrolladora de producto, escritora, editora y asistente de ventas para varias editoriales educativas. En los últimos años Christine obtuvo una maestría en educación y actualmente trabaja como autora y editora independiente. Vive con su marido y sus dos hijas en la costa noroeste del Pacífico, donde le apasiona explorar la vista.